DÉCONNECTER POUR MIEUX SE CONNECTER

Guide Pratique pour Réduire l'Addiction au Smartphone chez les Enfants

DÉCONNECTER POUR MIEUX SE CONNECTER

AMIR BIOUD

DÉCONNECTER POUR MIEUX SE CONNECTER

CONTENTS

Résumé :

111

COMPRENDRE L'ADDICTION

La lumière bleue des écrans diffusait une lueur étrange dans la chambre de Marie. À l'intérieur, l'ambiance était à la fois silencieuse et oppressante, ponctuée par le doux bourdonnement du téléphone. Marie, treize ans, était comme hypnotisée par le flot ininterrompu d'images, de vidéos et de messages qui remplissait son écran. Elle avait abandonné les livres et les jeux en plein air, ne trouvant du réconfort que dans la compagnie de son smartphone, un compagnon qui semblait être devenu plus fidèle que quiconque dans sa vie.

Le soir, alors que ses parents se retrouvaient dans le salon pour discuter des événements de la journée, Marie se réfugiait sous ses couvertures, son téléphone vissé à la main. Les notifications devenaient des appels irrésistibles, chaque vibration une promesse de quelque chose de nouveau, d'excitant. Ses parents, Julie et Marc, échangeaient des regards inquiets en entendant les clics incessants de l'écran dans le silence de la nuit. Marie était à peine consciente du monde autour d'elle, absorbée par un univers virtuel qui l'isolait de tout ce qui avait de l'importance.

Julie se souvenait d'une époque où Marie était pleine de vie, où elle courait dans le jardin avec ses amis, riant aux éclats. Mais maintenant, ses interactions sociales se limitaient à des « likes » et des commentaires. Marc avait essayé d'en parler avec elle, posant des questions sur ses amis et ses passe-temps, mais chaque tentative de conversation était accueillie avec une réponse évasive ou un soupir impatient. Il se demandait où cette obsession avait commencé et comment il pouvait aider sa fille à retrouver un équilibre.

Les signes étaient là, évidents pour quiconque voulait les voir. Marie passait des heures sans fin à faire défiler son feed, à regarder des vidéos sans fin et à répondre à des messages. Ses devoirs étaient souvent laissés de côté, ses relations familiales négligées. Julie et Marc se retrouvaient souvent seuls à table, les repas devenant des moments silencieux où la seule compagnie était le doux murmure de la télévision ou le bruit de leurs couverts.

Une nuit, après une journée particulièrement stressante au travail, Julie a décidé d'approcher Marie avec une nouvelle perspective. Elle s'est assise à côté de sa fille, en lui proposant une distraction différente : un jeu de société qu'elles avaient autrefois adoré. Marie, les yeux encore fixés sur l'écran, a à peine levé les yeux, mais a finalement accepté avec un sourire contraint. Les premières minutes étaient hésitantes, mais bientôt, le rire éclatant des deux filles résonnait dans la pièce, un son qu'elles avaient presque oublié.

Marc avait remarqué à quel point Marie était devenue irritable lorsque son téléphone était hors de portée. Les crises de colère qu'elle avait eues lorsqu'une application ne fonctionnait pas correctement avaient révélé à quel point elle était dépendante de son appareil. Il se demandait si ce qu'il voyait n'était pas seulement le symptôme d'un problème plus profond : un besoin de validation et de reconnaissance qui avait pris une forme numérique.

Les parents avaient commencé à explorer les raisons sous-jacentes à cette obsession. Ils ont découvert que les applications, avec leurs récompenses instantanées et leurs notifications incessantes, étaient conçues pour capter et maintenir l'attention des utilisateurs. Chaque notification était comme une petite dose de dopamine, stimulant un désir insatiable de vérifier et de répondre. Les jeux et les réseaux sociaux n'étaient pas simplement des divertissements, mais des mécanismes sophistiqués de renforcement positif.

En observant le comportement de Marie, Julie et Marc ont réalisé que cette addiction était aussi une réponse au stress et à l'anxiété. Leur fille utilisait probablement son téléphone comme une échappatoire à ses préoccupations scolaires et sociales. Au lieu d'affronter les défis de la vie quotidienne, elle se plongeait dans un monde numérique où les problèmes semblaient moins pressants, du moins pendant un certain temps.

Ils se sont rendu compte que l'impact de l'utilisation excessive du smartphone se faisait sentir dans divers aspects de la vie de Marie. Le sommeil était perturbé, son humeur était en dents de scie, et ses performances scolaires en pâtissaient. Julie se souvenait d'une conversation avec le professeur de Marie, qui avait noté une baisse significative de sa concentration en classe. La lumière bleue des écrans, absorbée juste avant le coucher, entravait la production de mélatonine, l'hormone du sommeil, rendant les nuits de Marie encore plus chaotiques.

En cherchant des solutions, Julie et Marc ont commencé à mettre en place des règles pour réduire le temps d'écran. Ils ont institué des heures sans smartphone, notamment pendant les repas et avant le coucher. Ils ont encouragé Marie à renouer avec des activités qui ne nécessitaient pas d'écrans, comme les jeux de société et les sports en plein air. Bien que les premières semaines aient été difficiles, ils ont observé des changements positifs.

Les discussions ouvertes ont été une autre stratégie essentielle. Julie et Marc ont pris le temps de parler avec Marie, de l'écouter et de partager leurs préoccupations. Plutôt que de faire la leçon, ils ont cherché à comprendre les besoins et les sentiments de leur fille, créant ainsi un espace pour un dialogue honnête et constructif. Cette approche a permis à Marie de se sentir entendue et soutenue, et non simplement réprimandée.

La route n'a pas été sans embûches. Marie a parfois rechigné aux nouvelles règles et aux changements, mais avec le soutien de ses parents et des alternatives attrayantes, elle a commencé à trouver un équilibre plus sain. Les repas en famille sont redevenus des moments de partage, et les crises de colère ont diminué. Le rire et les conversations ont commencé à remplacer les sons monotones des notifications.

En fin de compte, Julie et Marc ont appris que comprendre l'addiction aux smartphones nécessitait une approche patiente et nuancée. Ils ont découvert que les écrans n'étaient pas simplement des objets à interdire, mais des éléments de la vie moderne qu'il fallait gérer avec discernement. Ils ont appris que la clé résidait dans l'équilibre, dans l'établissement de limites claires et dans le soutien continu à leur fille, tout en lui offrant des alternatives enrichissantes.

Ce voyage pour comprendre et gérer l'addiction aux smartphones a été une expérience d'apprentissage profond pour toute la famille.

En reconnaissant les signes, en explorant les causes et en mettant en place des stratégies pour limiter l'usage des écrans, Julie et Marc ont pu guider Marie vers une utilisation plus équilibrée et bénéfique de la technologie. Cette prise de conscience et cet engagement ont été essentiels pour retrouver un bien-être familial et aider Marie à naviguer dans un monde numérique en constante évolution.

LES EFFETS DE L'UTILISATION EXCESSIVE

La lumière du matin filtrait doucement à travers les rideaux de la chambre de Lucas, illuminant les coins d'un espace envahi par des objets technologiques. À peine éveillé, Lucas, âgé de 12 ans, était déjà plongé dans l'univers numérique de son smartphone, l'écran illuminant son visage endormi. Ses parents, Claire et Antoine, se regardaient avec une inquiétude croissante. Ils savaient que le temps passé sur les écrans de Lucas ne se limitait pas simplement aux heures du jour, mais que cette utilisation excessive avait des répercussions plus profondes sur son développement.

Claire se souvenait encore des premiers signes qui avaient attiré son attention. Lucas avait commencé à se montrer irritable lorsqu'il était privé de son téléphone, un changement frappant par rapport à sa nature généralement enjouée. Les repas en famille, autrefois remplis de rires et de discussions animées, étaient maintenant des moments silencieux où Lucas était absorbé par les vidéos ou les jeux sur son écran. L'éclat de ses yeux, jadis vif et curieux, semblait se faner derrière le voile lumineux de son téléphone.

Antoine avait commencé à remarquer des problèmes de concentration chez Lucas. Les devoirs étaient souvent laissés inachevés, et son rendement scolaire avait chuté. Ses enseignants avaient exprimé des préoccupations croissantes, notant que Lucas avait du mal à rester attentif en classe. Le professeur de mathématiques avait même suggéré que la dépendance aux écrans pourrait jouer un rôle dans la baisse de ses performances.

Une nuit, après une longue journée de travail, Claire s'était assise dans le salon, lisant des articles sur les effets de l'utilisation excessive des smartphones sur les enfants. Les recherches révélaient des effets préoccupants sur le développement des jeunes. La lumière bleue émise par les écrans, par exemple, interférait avec la production de mélatonine, l'hormone responsable du sommeil, entraînant des nuits agitées et des matins difficiles.

Le matin suivant, Lucas se réveilla en train de se frotter les yeux, visiblement fatigué. Claire lui demanda s'il avait bien dormi, mais Lucas, à peine réveillé, répliqua que son jeu vidéo l'avait tenu éveillé jusqu'à tard dans la nuit. Cette réponse confirma les inquiétudes de Claire : l'utilisation excessive des écrans avait un impact direct sur son sommeil et, par conséquent, sur son bien-être général.

Antoine décida d'explorer d'autres dimensions de ce problème. Il découvrit que la surexposition aux écrans pouvait affecter le développement cognitif et émotionnel des enfants. La stimulation constante et les récompenses instantanées des jeux vidéo et des réseaux sociaux pouvaient altérer leur capacité à se concentrer sur des tâches à long terme et à gérer leurs émotions. L'interaction en ligne remplaçait les interactions face à face, essentielles au développement des compétences sociales.

Un après-midi, lors d'une sortie au parc, Claire et Antoine tentèrent de reconnecter Lucas avec le monde réel. Ils l'encouragèrent à participer à des jeux en plein air, espérant raviver ses anciennes passions. Au début, Lucas était réticent, préférant rester attaché à son écran. Mais peu à peu, alors qu'il s'engageait dans des jeux de balle et des conversations avec ses parents, il commença à retrouver un éclat dans ses yeux et un sourire sur son visage. Les effets bénéfiques de ces interactions humaines étaient évidents : Lucas semblait plus heureux, plus vif, et son humeur s'améliorait.

Une autre dimension des effets de l'utilisation excessive des smartphones sur le développement de Lucas était l'impact sur ses relations familiales. Claire et Antoine remarquèrent que les moments de qualité en famille étaient en train de se perdre. Les discussions qui autrefois étaient pleines d'énergie et de rire étaient remplacées par des silences tendus, où Lucas était absorbé par son téléphone. Ils réalisèrent que cette déconnexion numérique affectait la dynamique familiale, créant une barrière entre eux et leur fils.

Claire et Antoine comprirent alors qu'ils devaient non seulement limiter le temps d'écran de Lucas, mais aussi créer des environnements stimulants qui favorisaient un développement équilibré. Ils commencèrent à planifier des activités familiales qui ne nécessitaient pas de technologie : des soirées jeux de société, des sorties en plein air, et des projets créatifs. Ces moments partagés renforcèrent leur connexion familiale et offrirent à Lucas des expériences enrichissantes loin des écrans.

Les semaines passèrent, et avec le soutien constant de ses parents, Lucas commença à trouver un nouvel équilibre. Les horaires de sommeil s'améliorèrent, et son humeur devint plus stable. Ses performances scolaires commencèrent également à s'améliorer. Claire et Antoine étaient soulagés de voir leur fils retrouver sa joie de vivre, et ils étaient déterminés à maintenir les changements qu'ils avaient instaurés.

En fin de compte, l'histoire de Lucas et de ses parents est un exemple clair des effets de l'utilisation excessive des smartphones sur le développement de l'enfant. Les impacts sur le sommeil, la concentration, les relations familiales et le bien-être émotionnel sont tous des aspects cruciaux qui nécessitent une attention particulière. Claire et Antoine ont appris que gérer l'utilisation des écrans n'était pas simplement une question de réglementation, mais un processus de rétablissement d'un équilibre sain qui favorise le développement global de leur fils.

ÉTABLIR DES RÈGLES CLAIRES

L'été touchait à sa fin, et la maison de Julie était envahie par une douce chaleur d'après-midi. Les rayons du soleil filtrés par les rideaux dansaient sur le sol, créant un cadre parfait pour la tranquillité familiale. Cependant, dans la chambre de son fils Max, le calme était loin d'être la norme. Max, âgé de 15 ans, était absorbé par son téléphone, les yeux rivés sur l'écran lumineux. La scène était devenue trop familière pour Julie, qui commençait à réaliser qu'il était temps de mettre en place des règles claires pour réguler l'utilisation des écrans.

Julie se souvenait des jours où Max était un enfant enthousiaste, curieux de découvrir le monde autour de lui. Ses journées étaient remplies d'activités variées : jeux en plein air, aventures créatives et discussions animées en famille. Mais avec l'arrivée des smartphones et des réseaux sociaux, une nouvelle dynamique s'était installée dans leur foyer. Les heures passées sur les écrans avaient pris le pas sur les interactions en face à face, et les tensions familiales avaient commencé à se manifester.

Un soir, Julie et son mari, Pierre, se retrouvèrent à discuter de la situation de Max. Ils avaient remarqué que la qualité des devoirs de leur fils avait chuté, et que ses relations familiales s'étaient distendues. Les repas étaient devenus des moments de silence, interrompus seulement par le vibreur des téléphones. Julie et Pierre savaient qu'il était crucial de fixer des limites claires pour gérer cette situation, mais ils avaient du mal à déterminer par où commencer.

Ils décidèrent de se rendre à une réunion de parents d'élèves où l'un des sujets abordés était la gestion des écrans. Lors de cette réunion, un intervenant expliqua l'importance des limites numériques pour les enfants. Il souligna que les règles claires étaient essentielles non seulement pour protéger les enfants des dangers des écrans, mais aussi pour leur enseigner des compétences de gestion du temps et de responsabilité.

Inspirés par cette réunion, Julie et Pierre commencèrent à élaborer un plan pour établir des règles précises concernant l'utilisation des écrans. Ils savaient que pour être efficaces, ces règles devaient être claires, cohérentes et adaptées à l'âge de Max. Ils se mirent d'accord sur des règles spécifiques, telles que les heures sans écran pendant les repas et avant le coucher, ainsi qu'un temps d'écran limité chaque jour pour les jeux et les réseaux sociaux.

Ils mirent également en place des moments dédiés aux activités familiales, sans technologie. Les soirées jeux de société, les sorties en plein air et les discussions en tête-à-tête étaient autant de moyens de reconnecter avec Max et de créer des souvenirs positifs en dehors du monde numérique. Julie et Pierre savaient qu'imposer des limites sans explication risquait d'être mal compris, alors ils prirent le temps de discuter ouvertement avec Max des raisons de ces changements.

Au début, Max réagit avec résistance. Les règles étaient perçues comme des restrictions injustes et des interruptions à ses loisirs numériques. Les premiers jours furent marqués par des débats houleux et des tentatives de contournement des règles. Cependant, Julie et Pierre restèrent fermes et cohérents dans l'application des limites. Ils expliquèrent que ces règles n'étaient pas une punition, mais une manière de rétablir un équilibre et de s'assurer que Max pouvait profiter de la vie réelle tout autant que du monde numérique.

Avec le temps, Max commença à s'adapter aux nouvelles règles. Les moments sans écran devinrent des occasions appréciées pour discuter avec ses parents, partager des rires et participer à des activités familiales. Les repas en famille retrouvèrent une atmosphère chaleureuse et communicative. Max découvrit aussi qu'il pouvait passer du temps à explorer des hobbies qu'il avait négligés, comme la lecture et le dessin.

Une anecdote marquante fut lorsque Max, lors d'une sortie en famille, confia à ses parents qu'il se sentait plus détendu sans la pression constante des notifications. Il reconnut qu'il avait trouvé une certaine paix dans les moments sans écran, et que cela l'aidait à mieux se concentrer sur ses études et à apprécier ses interactions sociales. Cette prise de conscience renforça la détermination de Julie et Pierre à maintenir les limites qu'ils avaient établies.

Julie et Pierre découvrirent également que les règles claires sur les écrans avaient un impact positif sur la gestion du temps et la discipline de Max. En apprenant à respecter les limites imposées, Max développa une meilleure capacité à gérer ses activités quotidiennes, à organiser son temps de manière plus efficace et à développer des habitudes plus équilibrées.

En fin de compte, établir des règles claires et cohérentes pour l'utilisation des écrans s'avéra être une démarche bénéfique pour toute la famille. Les limites numériques, bien que difficiles à imposer au début, furent cruciales pour aider Max à rétablir un équilibre sain entre le monde réel et le monde numérique. Julie et Pierre apprirent que la clé du succès résidait dans la patience, la communication ouverte et la constance. Ils avaient découvert que les règles n'étaient pas seulement des restrictions, mais des outils essentiels pour guider leur fils vers un développement équilibré et une vie familiale plus harmonieuse.

CRÉER UN ENVIRONNEMENT SANS ÉCRAN

Les journées d'été semblaient s'étirer sans fin, remplissant la maison de Camille et Julien d'une lumière douce et chaleureuse. Mais malgré la promesse d'activités estivales et de détente, leur foyer était devenu un champ de bataille silencieux entre la technologie et la vie de famille. Leur fille Émilie, âgée de 11 ans, était constamment absorbée par ses écrans, que ce soit pour jouer à des jeux vidéo ou parcourir les réseaux sociaux. Camille et Julien savaient qu'il était temps de réagir, non seulement pour limiter le temps d'écran d'Émilie, mais aussi pour rétablir une atmosphère familiale plus enrichissante et engageante.

Tout avait commencé lorsque Camille avait remarqué qu'Émilie, autrefois vive et curieuse, devenait de plus en plus distante. Ses journées étaient passées à défiler des vidéos et des images, et les conversations en famille se faisaient de plus en plus rares. Les repas, autrefois des moments de partage et de rires, étaient maintenant dominés par le bruit des notifications et les regards concentrés sur les écrans. Camille et Julien avaient compris qu'il était nécessaire de créer un environnement sans écran pour favoriser des interactions plus significatives et restaurer l'équilibre familial.

Le couple décida de commencer par transformer les espaces de la maison. Ils établirent des zones sans écran, en désignant certains endroits comme des espaces de rencontre familiale. La salle à manger, jadis envahie par des téléphones et des tablettes, devint une zone où les écrans étaient laissés à l'entrée. Ils y installèrent un tableau noir où chacun pouvait écrire des messages ou dessiner, encourageant ainsi la communication créative et spontanée pendant les repas.

Dans le salon, Camille et Julien mirent en place un coin lecture confortable, avec des livres, des magazines et des jeux de société. Ce coin fut aménagé avec des coussins et des couvertures, créant un espace invitant à la détente et à la lecture. Ils y ajoutèrent également une bibliothèque bien fournie, espérant que la présence physique de livres inspirerait Émilie à redécouvrir le plaisir de la lecture en dehors des écrans.

Les chambres de Camille et Julien furent également repensées pour minimiser l'impact des écrans. Ils instaurèrent une règle stricte interdisant les téléphones et les tablettes dans les chambres après 20 heures. Pour remplacer le temps passé sur les écrans avant le coucher, ils mirent en place des activités relaxantes, comme lire un livre ensemble ou écouter des histoires audio. Camille se souvint d'une fois où, en lisant un livre avec Émilie, elle avait remarqué que sa fille était plus détendue et plus joyeuse, un contraste frappant avec son état habituel de stress et d'irritabilité.

Les week-ends furent transformés en moments sans écran, avec des activités planifiées pour toute la famille. Camille et Julien organisèrent des sorties en plein air, des piqueniques et des excursions culturelles pour remplacer le temps passé devant les écrans. Un dimanche, ils décidèrent de faire une randonnée en famille dans un parc local. L'air frais et les paysages naturels semblaient revitaliser Émilie, et ils découvrirent ensemble des trésors cachés comme des fleurs sauvages et des points de vue magnifiques. Ces moments de connexion avec la nature apportèrent un nouveau souffle à leur relation et permirent à Émilie de découvrir d'autres sources de plaisir et de divertissement.

Une autre stratégie qu'ils adoptèrent fut de promouvoir des activités créatives à la maison. Ils introduisirent des projets artistiques et des ateliers de bricolage pour encourager Émilie à utiliser ses mains et son imagination plutôt que de se tourner vers les écrans. Camille se souvint d'une soirée où toute la famille avait travaillé ensemble sur une maquette de maison en carton. La concentration et le plaisir partagés lors de cette activité avaient permis de renforcer les liens familiaux et de stimuler la créativité d'Émilie.

Le couple établit aussi des moments sans technologie pour favoriser des interactions plus profondes. Ils commencèrent à organiser des soirées de jeux de société où tout le monde était invité à participer. Ces soirées devinrent un rituel familial attendu avec impatience, où les rires et les conversations prenaient le pas sur les écrans. Camille et Julien se rendirent compte que ces moments étaient essentiels pour maintenir une connexion émotionnelle forte et créer des souvenirs précieux.

Les premières semaines furent difficiles, avec des résistances et des tentatives d'Émilie pour retrouver des moyens de contourner les nouvelles règles. Mais avec la patience et le soutien de ses parents, elle commença à s'adapter aux changements. Les nouvelles routines commencèrent à se sentir naturelles, et Émilie retrouva peu à peu un équilibre entre la vie numérique et la vie réelle.

L'un des moments marquants fut lorsque, après plusieurs semaines sans écrans, Émilie demanda à ses parents si elle pouvait partager ses dessins dans le coin lecture. Elle avait trouvé une nouvelle passion pour l'art et voulait montrer ses œuvres à sa famille. Camille et Julien furent ravis de constater que les activités hors écran avaient ouvert de nouvelles avenues pour la créativité et l'expression de leur fille.

Créer un environnement sans écran fut un processus transformateur pour toute la famille. Camille et Julien découvrirent que les stratégies mises en place non seulement réduisaient le temps d'écran d'Émilie, mais favorisaient également des interactions familiales plus riches et significatives. En rétablissant un équilibre entre le monde numérique et les expériences réelles, ils avaient réussi à redonner vie à leur foyer et à créer un espace où la connexion humaine pouvait s'épanouir pleinement.

L'IMPACT DE L'EXEMPLE PARENTAL

L'après-midi était paisible dans la maison de Sophie et Marc Dupont. Les enfants, Léa et Lucas, avaient terminé leurs devoirs et se détendaient dans le salon, regardant la télévision. Sophie, assise dans le fauteuil près de la fenêtre, feuilletait un magazine, tandis

que Marc, absorbé par son smartphone, vérifiait les dernières nouvelles. La lumière dorée
du soleil filtrait à travers les rideaux, mais une
ombre de préoccupation planait sur Sophie.
Elle avait commencé à se demander quel mes-
sage leur propre comportement envoyait à
leurs enfants.

Il y a quelques mois, Sophie avait lu un article sur l'impact de l'exemple parental dans la
gestion du temps d'écran. L'article avait révélé
que les enfants imitent souvent les comportements de leurs parents, et que les habitudes
numériques des parents pouvaient influencer
les habitudes de leurs enfants. Sophie, consciente de sa propre dépendance au smartphone, se rendit compte que ses habitudes
pourraient affecter Léa et Lucas plus qu'elle
ne l'avait imaginé.

Un soir, après le dîner, Sophie et Marc se
retrouvèrent à discuter de cette révélation. Sophie exprima son inquiétude quant à la
manière dont leur utilisation des écrans pouvait influencer leurs enfants. Marc, qui avait
lui aussi remarqué que Léa et Lucas passaient

beaucoup de temps sur leurs appareils, comprit que leur propre comportement pouvait être un facteur clé. Ils convinrent qu'il était essentiel de changer leurs propres habitudes pour donner un bon exemple à leurs enfants.

Le changement commença par une prise de conscience. Marc décida de limiter son utilisation du smartphone pendant les repas et les moments familiaux. Au lieu de vérifier constamment ses notifications, il commença à consacrer du temps de qualité aux discussions avec sa famille. Sophie fit de même, posant son téléphone et choisissant de se concentrer sur les activités familiales plutôt que sur les médias sociaux.

Un week-end, Sophie proposa une sortie en famille dans un parc local. Elle encouragea Léa et Lucas à laisser leurs téléphones à la maison, expliquant qu'ils allaient passer du temps ensemble sans distractions numériques. Marc et Sophie avaient planifié un pique-nique, des jeux en plein air et une balade dans la nature. Les premières résistances de Léa et Lucas furent vite oubliées lorsque la famille se retrouva à rire ensemble, à jouer et à explorer les environs.

La réaction des enfants fut révélatrice. Léa, qui était souvent absorbée par ses jeux en ligne, se montra d'abord réticente, mais bientôt, elle se laissa emporter par la joie des jeux de plein air et par les conversations spontanées avec ses parents. Lucas, quant à lui, découvrit un nouvel intérêt pour la photographie en plein air, prenant des photos de paysages et de détails qu'il n'avait jamais remarqués auparavant. Ces moments partagés sans écrans devinrent des souvenirs précieux et renforcèrent les liens familiaux.

L'impact du changement dans les habitudes de Sophie et Marc ne se limita pas aux sorties en famille. À la maison, ils commencèrent à introduire des moments sans écran, comme des soirées de jeux de société et des séances de lecture. Ils instaurèrent des règles pour les heures de repas et les moments de relaxation, où les appareils électroniques étaient rangés, et ils découvrirent que ces moments devenaient des occasions idéales pour discuter et se reconnecter.

Au fil du temps, Léa et Lucas commencèrent à imiter ces nouvelles habitudes. Ils se mirent à éteindre leurs téléphones plus souvent pour participer aux activités familiales. Léa exprima son désir de lire davantage de livres et Lucas s'intéressa à des projets créatifs qu'il avait laissés de côté. Sophie et Marc constatèrent que le simple fait de changer leurs propres comportements avait un effet domino sur les habitudes de leurs enfants.

Un jour, Marc reçut un appel d'un ami pour discuter d'un projet. Léa, en voyant son père engager une conversation en face à face plutôt que de se concentrer sur son téléphone, exprima son admiration pour la manière dont il se connectait avec les autres. Elle comprit que la connexion réelle avait une valeur bien plus grande que les interactions numériques. Marc et Sophie réalisèrent que l'exemple qu'ils donnaient allait au-delà des simples règles ; il influençait également la manière dont leurs enfants percevaient et valorisaient les relations humaines.

Sophie et Marc continuèrent à renforcer ces nouvelles habitudes, intégrant des activités enrichissantes dans leur routine quotidienne. Ils participèrent à des projets communautaires, explorèrent des hobbies ensemble et s'assurèrent que les écrans étaient utilisés de manière équilibrée et réfléchie. Leur foyer devint un espace où les interactions réelles étaient valorisées et où les habitudes numériques étaient gérées avec intention.

L'expérience de Sophie et Marc illustre de manière claire l'impact profond que le comportement parental peut avoir sur les enfants. En modifiant leurs propres habitudes, ils créèrent un environnement où Léa et Lucas purent développer des intérêts variés et des compétences sociales précieuses. Les changements dans leurs comportements montrèrent que l'exemple parental est un outil puissant pour enseigner et renforcer des valeurs et des habitudes équilibrées.

LES CONSÉQUENCES DE L'USAGE EXCESSIF

Dans la maison des Martin, les journées se déroulaient dans un rythme presque cadencé par le cliquetis des claviers et le bourdonnement des notifications. Julie et Thomas, parents de deux adolescents, Emma et Hugo, avaient observé avec inquiétude comment la dépendance croissante de leurs enfants aux écrans affectait non seulement leur bien-être mental, mais aussi leur santé physique. Ce qui avait commencé comme une utilisation apparemment innocente des appareils numériques s'était progressivement transformé en une dépendance marquée, avec des répercussions évidentes sur la qualité de vie de toute la famille.

Les premières inquiétudes étaient apparues lorsque Julie remarqua que les sombres cernes sous les yeux d'Emma devenaient de plus en plus prononcés. Emma, âgée de 16 ans, passait de longues heures chaque nuit à discuter avec ses amis en ligne et à jouer à des jeux vidéo. Thomas, de son côté, avait constaté que Hugo, 14 ans, se plaignait de maux de tête fréquents et de douleurs au cou, symptômes qui semblaient liés à une posture prolongée devant l'écran de son ordinateur.

La situation atteignit un point critique lorsque Julie et Thomas trouvèrent Emma assise sur son lit à 3 heures du matin, les yeux fixés sur son téléphone. Ils avaient déjà essayé de discuter des effets nocifs d'une utilisation excessive des écrans, mais les avertissements semblaient tomber dans l'oreille d'un sourd. Il était clair qu'ils devaient approfondir leur compréhension des conséquences physiques et mentales de cette dépendance pour mieux guider leurs enfants vers un mode de vie plus équilibré.

Julie et Thomas commencèrent par faire des recherches sur les effets de l'usage excessif des écrans. Ils découvrirent que les conséquences pouvaient être graves et variées. Sur le plan physique, une exposition prolongée aux écrans pouvait entraîner des problèmes de posture, des douleurs oculaires et des troubles du sommeil. Thomas trouva un article sur le « syndrome de la tête du texte », une condition où les muscles du cou se détériorent à cause d'une posture voûtée prolongée en regardant des écrans. Hugo, dont les douleurs au cou étaient persistantes, semblait être un exemple classique de cette affection.

Quant à la santé mentale, Julie lut que l'utilisation excessive des écrans pouvait entraîner des problèmes tels que l'anxiété, la dépression et la dépendance. Les adolescents, en particulier, étaient vulnérables à ces effets en raison des pressions sociales et des attentes en ligne. Emma, en proie à des sentiments croissants d'anxiété et de stress liés à ses interactions en ligne, semblait souffrir des effets néfastes du stress numérique.

Munis de cette compréhension, Julie et Thomas décidèrent d'agir. Ils commencèrent par instaurer des règles claires concernant les temps d'écran. Les repas en famille et les moments de détente étaient désormais des occasions sans écran, visant à encourager des interactions significatives et à réduire l'exposition continue aux dispositifs numériques. Lors des repas, Julie introduisit un « tiroir à téléphones » où chacun devait laisser son téléphone avant de s'asseoir à table. Les repas redevinrent des moments précieux de partage, où les membres de la famille discutaient de leur journée et partageaient des rires.

Pour aborder les problèmes de posture et de santé physique, Thomas et Julie organisèrent des consultations avec un physiothérapeute. Hugo fut introduit à des exercices réguliers pour soulager les tensions musculaires et améliorer sa posture. Le physiothérapeute recommanda également des pauses régulières et des ajustements ergonomiques pour l'espace de travail de Hugo. Ils aménagèrent un poste de travail avec une chaise ergonomique et un écran réglable pour encourager une meilleure posture. Hugo commença à intégrer des exercices d'étirement dans sa routine quotidienne, ce qui l'aida à soulager ses douleurs au cou et à se sentir plus à l'aise.

Pour aborder les problèmes mentaux, Julie et Thomas mirent en place des activités relaxantes et des moments de déconnexion. Ils introduisirent des soirées familiales sans écran, avec des jeux de société, des séances de cinéma à la maison, et des activités créatives. Emma, qui avait toujours été passionnée par l'art, retrouva son intérêt pour la peinture et le dessin, des activités qui l'aidaient à se détendre et à exprimer ses émotions de manière créative. Julie et Thomas constatèrent que ces moments sans écran apportaient non seulement des bénéfices physiques mais aussi une réduction notable du stress et de l'anxiété chez leurs enfants.

Un incident marquant fut lorsque, après quelques mois de ces nouvelles routines, Emma confia à ses parents qu'elle se sentait beaucoup mieux. Elle avait constaté une amélioration significative de son humeur et de son sommeil. Elle avait également remarqué que ses maux de tête étaient moins fréquents et que ses relations sociales en ligne devenaient moins envahissantes. Emma commença à organiser des soirées de peinture avec des amis, transformant son hobby en une activité sociale enrichissante qui offrait un équilibre entre la connexion numérique et l'interaction réelle.

Les efforts de Julie et Thomas démontrèrent que la gestion des effets de l'usage excessif des écrans nécessitait une approche holistique, combinant des changements dans les habitudes quotidiennes avec des interventions pratiques pour la santé physique et mentale. En apportant des modifications conscientes à leur environnement familial, ils parvinrent à créer un espace plus sain et plus équilibré pour leurs enfants.

Ce chapitre met en lumière les conséquences sérieuses de l'utilisation excessive des écrans sur la santé mentale et physique, tout en montrant comment une prise de conscience et des interventions ciblées peuvent aider à remédier à ces effets. L'expérience des Martin illustre l'importance d'un équilibre entre le monde numérique et les activités réelles pour préserver le bien-être global des adolescents et renforcer leur qualité de vie.

ENSEIGNER L'AUTODISCIPLINE

Dans la maison des Benoît, le matin était toujours un tourbillon de bruit et de chaos. Léonard, leur fils de 12 ans, avait du mal à se lever à l'heure et à respecter ses obligations scolaires et domestiques. Les tensions entre Léonard et ses parents, Claire et Antoine, étaient fréquentes, notamment à cause de son manque de gestion du temps. Les devoirs étaient souvent laissés à la dernière minute, les tâches ménagères étaient négligées, et les promesses de se coucher plus tôt étaient régulièrement oubliées. Claire et Antoine savaient qu'ils devaient intervenir pour aider Léonard à développer des compétences en gestion du temps et en autodiscipline.

Tout avait commencé lorsque Claire remarqua qu'un simple rappel des tâches et des horaires n'était plus suffisant. Les efforts pour établir des routines régulières et des horaires fixes semblaient vains. Claire décida alors de se renseigner sur les techniques de gestion du temps adaptées aux enfants. Elle découvrit que l'autodiscipline était une compétence qui pouvait être enseignée à travers des stratégies concrètes et des approches adaptées à l'âge des enfants.

Claire et Antoine commencèrent par établir une routine quotidienne claire pour Léonard. Ils créèrent un emploi du temps visuel, avec un tableau de gestion du temps affiché dans la cuisine. Ce tableau comprenait des horaires pour les devoirs, les repas, les loisirs et le coucher. Léonard, impliqué dans la création de ce tableau, avait l'opportunité de choisir ses heures de travail et de détente, ce qui augmenta son engagement envers la routine.

Le premier défi fut de convaincre Léonard de la valeur de ce nouvel emploi du temps. Antoine, avec l'aide de Claire, expliqua à Léonard que la gestion du temps n'était pas une restriction mais un moyen de mieux organiser ses activités pour profiter pleinement de son temps libre. Ils établirent des récompenses pour le respect des horaires, telles que des temps de jeux supplémentaires ou des sorties spéciales le week-end. Cette approche positive motiva Léonard à essayer la nouvelle routine avec un esprit ouvert.

Une autre technique que Claire et Antoine mirent en place fut le système de « minuterie de tâches ». Ils utilisèrent une minuterie pour diviser le temps de travail en périodes gérables de 20 à 30 minutes, entrecoupées de courtes pauses. Cette méthode, inspirée de la technique Pomodoro, aidait Léonard à se concentrer sur ses devoirs sans se sentir accablé par une longue séance de travail. Claire se souvint de la première fois où ils utilisèrent la minuterie. Léonard, initialement sceptique, découvrit que cette approche rendait les devoirs plus gérables et moins stressants.

Claire et Antoine encouragèrent également Léonard à planifier ses journées et à établir des listes de tâches. Chaque dimanche soir, ils prenaient un moment pour examiner les tâches de la semaine à venir et pour fixer des objectifs. Léonard apprit à décomposer les grands projets en petites tâches, ce qui lui permettait de suivre ses progrès et de sentir un sentiment d'accomplissement. Cette technique de planification l'aida non seulement à gérer ses devoirs, mais aussi à mieux préparer ses activités parascolaires et ses engagements sociaux.

L'une des étapes clés fut l'enseignement de la gestion des priorités. Claire et Antoine expliquèrent à Léonard comment évaluer l'importance et l'urgence des tâches, en utilisant des outils comme les matrices de gestion du temps. Ils montrèrent à Léonard comment classer ses activités en catégories, comme « urgent et important », « important mais non urgent », « urgent mais non important » et « ni urgent ni important ». Avec des exemples concrets, comme la préparation pour un examen ou l'organisation d'un projet, Léonard apprit à hiérarchiser ses tâches et à éviter la procrastination.

Pour renforcer ces compétences, Claire et Antoine mirent en place des « défis de gestion du temps » à la maison. Ils créèrent des situations fictives où Léonard devait gérer un emploi du temps chargé, comme organiser un événement familial ou préparer une présentation scolaire. Ces défis offraient des opportunités pour que Léonard applique les techniques qu'il avait apprises et pour qu'il développe ses compétences en résolution de problèmes.

L'un des moments clés du processus fut lorsque Léonard réussit à organiser une fête d'anniversaire pour un ami, en utilisant toutes les techniques qu'il avait apprises. Claire et Antoine furent impressionnés de voir Léonard planifier les invitations, les activités et les décorations avec une efficacité remarquable. La fête fut un succès, et Léonard éprouva une grande fierté d'avoir accompli cette tâche en respectant son emploi du temps.

Les améliorations dans la gestion du temps de Léonard eurent des effets positifs sur l'ensemble de la famille. Les tensions diminuèrent, les soirées devinrent plus sereines, et Léonard sembla plus heureux et plus détendu. Il trouva également plus de temps pour ses loisirs et ses passions, comme le dessin et le sport, ce qui contribua à son bien-être général.

Claire et Antoine comprirent que l'enseignement de l'autodiscipline était un processus continu qui nécessitait de la patience et du soutien. Ils continuèrent à encourager Léonard en lui offrant des feedbacks positifs et en ajustant les stratégies au besoin. Leur approche démontra que la gestion du temps et l'autodiscipline étaient des compétences essentielles pour la réussite et le bien-être des enfants.

Ce chapitre illustre comment des techniques concrètes de gestion du temps et d'autodiscipline peuvent aider les enfants à mieux organiser leur vie quotidienne. L'expérience des Benoît montre que, en établissant des routines claires, en utilisant des outils de planification et en enseignant la gestion des priorités, les parents peuvent guider leurs enfants vers une plus grande autonomie et une meilleure gestion de leur temps.

LES APPLICATIONS DE CONTRÔLE PARENTAL

Dans la maison des Dupuis, la question de la sécurité numérique de leur fille Julie, âgée de 14 ans, devenait de plus en plus pressante. Julie était une adolescente curieuse, mais son utilisation des réseaux sociaux et des jeux en ligne suscitait des inquiétudes chez ses parents, Sylvie et Laurent. Les histoires de dangers en ligne et de dépendance aux écrans étaient devenues monnaie courante dans leur foyer. Ils décidèrent de se tourner vers les applications de contrôle parental pour mieux encadrer l'usage que Julie faisait de ses appareils numériques. Mais Sylvie et Laurent se demandèrent bientôt si ces outils offraient véritablement une solution complète ou s'ils avaient leurs propres limites.

Leur première découverte fut l'abondance d'applications disponibles sur le marché. Il en existait de nombreux types, chacune offrant des fonctionnalités variées allant du filtrage de contenu à la gestion du temps d'écran. Sylvie et Laurent commencèrent par choisir une application qui promettait un équilibre entre le contrôle et la liberté. Ils optèrent pour une application qui permettait de définir des limites de temps, de surveiller les activités en ligne et de bloquer certains contenus inappropriés.

Leur premier pas fut de discuter avec Julie des raisons pour lesquelles ils avaient décidé d'installer cette application. Sylvie expliqua que, bien que les outils de contrôle parental puissent être utiles, ils ne remplaçaient pas la communication ouverte et la confiance. Julie, au début un peu réticente, accepta de manière conditionnelle, en espérant que les limites imposées ne seraient pas trop contraignantes. La discussion honnête sur les intentions des parents aida à établir une base de compréhension mutuelle.

L'application de contrôle parental fut installée sans heurts, et les parents commencèrent à explorer ses fonctionnalités. Ils établirent des horaires pour l'utilisation des écrans, configurèrent des filtres pour limiter l'accès à certains sites web et mirent en place des alertes pour surveiller les activités en ligne. Ils trouvèrent particulièrement utile la possibilité de bloquer des applications spécifiques pendant les heures de devoirs ou de sommeil, ce qui aida à créer un environnement plus propice à la concentration et au repos.

L'un des avantages immédiats que Sylvie et Laurent remarquèrent fut la réduction du temps que Julie passait sur des applications non éducatives. Les paramètres de l'application permettaient de définir des périodes pendant lesquelles l'accès aux jeux et aux réseaux sociaux était restreint. Julie, qui avait tendance à se laisser distraire par les notifications, trouva utile de pouvoir se concentrer sur ses devoirs sans être interrompue.

Cependant, les parents découvrirent également certaines limites de l'application. Bien que les filtres de contenu fassent un bon travail pour bloquer les sites inappropriés, ils ne pouvaient pas toujours détecter le contenu nuisible sur les plateformes de médias sociaux, où les informations pouvaient se propager sous des formes moins évidentes. Julie trouva des moyens de contourner certains filtres en utilisant des applications de messagerie cryptées et des réseaux sociaux moins surveillés, ce qui montra que les solutions techniques avaient leurs failles.

Sylvie et Laurent comprirent également que les applications de contrôle parental ne pouvaient pas remplacer la supervision active et l'éducation continue. Ils réalisèrent que les discussions régulières avec Julie sur les dangers potentiels en ligne, ainsi que sur la manière de se comporter de manière responsable sur internet, étaient essentielles. Les parents commencèrent à organiser des « soirées de discussion numérique », où ils abordaient des sujets comme la sécurité en ligne, les risques de la surconsommation de médias et la manière de préserver sa vie privée.

Un autre aspect qui se révéla limité fut la difficulté à équilibrer le contrôle avec la confiance. Julie, malgré ses réticences initiales, se montra frustrée par le niveau de surveillance constante. Elle commença à se sentir comme si ses parents ne lui faisaient pas confiance, ce qui créa des tensions. Sylvie et Laurent durent trouver un équilibre délicat entre la surveillance nécessaire pour protéger leur fille et le respect de son espace privé.

Pour répondre à cette préoccupation, ils décidèrent de renforcer la confiance mutuelle en discutant ouvertement des réglages de l'application et en ajustant les paramètres ensemble. Par exemple, ils mirent en place des horaires flexibles qui permettaient à Julie de gérer son propre temps d'écran pendant les week-ends tout en respectant des règles de base pendant la semaine. Ils trouvèrent que cette approche encourageait Julie à adopter des comportements responsables, tout en lui offrant une certaine autonomie.

Les Dupuis apprirent que les applications de contrôle parental pouvaient être un outil utile pour encadrer l'utilisation des écrans, mais qu'elles étaient loin d'être une solution miracle. Les avantages étaient évidents dans la gestion du temps et la surveillance de certaines activités, mais les limites en termes de filtrage de contenu et de maintien de la confiance étaient également claires. En fin de compte, Sylvie et Laurent comprirent que la combinaison d'une technologie appropriée, d'une communication ouverte et d'un soutien constant était essentielle pour naviguer effi-cacement dans le monde numérique.

Ce chapitre démontre que les applications de contrôle parental, bien qu'utiles, présentent des avantages et des limites. L'expérience des Dupuis souligne l'importance d'intégrer les outils technologiques dans une approche globale de la gestion du temps et de la sécurité en ligne, tout en maintenant une communication honnête et une relation de confiance avec les enfants.

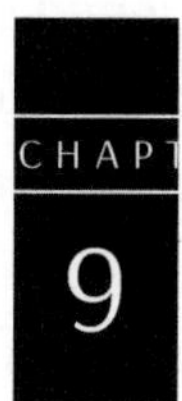

DIALOGUE ET ÉDUCATION

Dans la maison des Lefèvre, les conversations sur l'utilisation des écrans semblaient toujours se transformer en débats animés. Sarah et David, parents de Noah, un garçon de 13 ans, se retrouvaient souvent face à des conflits lorsque le sujet de la technologie était abordé. Les soirées se passaient en discussions tendues, avec des plaintes sur le temps excessif passé devant les écrans et des arguments sur les règles de l'utilisation des appareils numériques. Les Lefèvre savaient qu'ils devaient aborder ce sujet de manière plus constructive pour aider Noah à trouver un équilibre sain.

Le problème commença à se cristalliser lorsque Sarah remarqua que Noah passait de plus en plus de temps sur ses jeux vidéo, au détriment de ses devoirs et de ses activités familiales. Les horaires de repas étaient souvent perturbés par les appels de jeux en ligne, et les weekends étaient consacrés presque exclusivement à ses écrans. David, qui travaillait souvent tard, trouvait qu'il était difficile de discuter du problème en profondeur lorsque le temps pour parler de manière ouverte était limité.

Sarah et David décidèrent qu'il était crucial d'adopter une approche plus proactive et empathique pour aborder la question. Ils commencèrent par rechercher des conseils sur la manière de discuter efficacement des questions liées aux écrans avec leurs enfants. Ils découvrirent que la clé résidait dans l'établissement d'un dialogue ouvert, fondé sur la compréhension et le respect mutuel.

Le premier pas qu'ils firent fut de choisir un moment calme pour parler avec Noah, loin des distractions et des tensions habituelles. Ils organisèrent une soirée spéciale sans écrans, où toute la famille se retrouva pour un repas et une discussion. Sarah et David commencèrent la conversation en exprimant leurs préoccupations de manière non accusatoire. Au lieu de dire « Tu passes trop de temps sur tes jeux », ils optèrent pour une approche plus compréhensive : « Nous avons remarqué que tu passes beaucoup de temps à jouer. Peux-tu nous parler de ce que tu aimes dans ces jeux ? »

Cette approche permit à Noah de se sentir entendu et compris. Il expliqua combien il appréciait l'aspect social des jeux, la compétition amicale avec ses amis et le sentiment d'accomplissement qu'il en retirait. Sarah et David découvrirent que ces jeux lui offraient non seulement du divertissement, mais aussi une manière de se connecter avec ses pairs et de se détendre après une journée stressante.

Le dialogue ne se limita pas à l'écoute. Sarah et David profitèrent de cette occasion pour partager leurs propres préoccupations de manière constructive. Ils expliquèrent les raisons pour lesquelles ils étaient inquiets, notamment les impacts potentiels sur la santé et la performance scolaire de Noah. En présentant des faits et des données sur les effets de l'utilisation excessive des écrans, ils offrirent un cadre pour la discussion sans imposer des restrictions de manière unilatérale.

Pour enrichir la conversation, ils proposèrent des solutions alternatives qui permettaient à Noah de maintenir ses activités préférées tout en respectant des limites raisonnables. Ils établirent un calendrier familial où le temps d'écran était clairement défini, avec des plages horaires pour les devoirs, les repas, les activités physiques et le temps libre. Ils discutèrent également des avantages de ces changements, en mettant en avant comment un équilibre sain pouvait améliorer sa concentration et sa satisfaction générale.

Une partie essentielle de cette approche était de fixer des attentes claires et de collaborer avec Noah pour établir des règles qui soient acceptables pour tous. Par exemple, ils convinrent ensemble d'une règle stipulant que les jeux vidéo ne pouvaient être joués que pendant les weekends après avoir terminé les devoirs et les tâches ménagères. En impliquant Noah dans l'élaboration de ces règles, ils augmentèrent son engagement à les respecter.

Les Lefèvre découvrirent également l'importance de renforcer les comportements positifs plutôt que de se concentrer uniquement sur les interdictions. Ils commencèrent à célébrer les moments où Noah respectait les nouvelles limites, en lui offrant des récompenses comme des sorties familiales ou des temps supplémentaires pour des activités qu'il aimait. Cette approche positive motiva Noah à adopter les changements avec une attitude plus ouverte et enthousiaste.

Un moment marquant fut lorsque Sarah et David organisèrent une activité familiale en plein air, comme une randonnée ou une journée au parc, et invitèrent Noah à participer sans écrans. Cette expérience montra à Noah qu'il pouvait s'amuser et se détendre sans avoir recours aux jeux vidéo. Il découvrit également les avantages de passer du temps de qualité en famille, renforçant ainsi ses relations avec ses parents et ses frères et sœurs.

Le dialogue continu entre Sarah, David et Noah évolua vers une meilleure compréhension et une plus grande collaboration. En établissant des moments réguliers pour discuter de l'utilisation des écrans et des autres aspects de la vie quotidienne, ils créèrent un environnement où les préoccupations pouvaient être abordées ouvertement et où des solutions pouvaient être trouvées ensemble.

Ce chapitre illustre comment une communication ouverte et respectueuse peut aider à aborder les problèmes liés à l'utilisation des écrans avec les enfants. L'expérience des Lefèvre démontre que le dialogue, associé à

des solutions collaboratives et à des renforce-
ments positifs, peut conduire à une meilleure
compréhension mutuelle et à des comportements plus équilibrés en matière d'utilisation
des appareils numériques.

TROUVER UN ÉQUILIBRE

Dans la maison des Mercier, la technologie était omniprésente. Élise et Maxime, parents de Léa, une adolescente de 15 ans, avaient installé des écrans dans presque toutes les pièces. Téléphones, tablettes, ordinateurs et téléviseurs étaient des éléments essentiels de leur quotidien, tant pour le travail que pour le divertissement. Cependant, ils se rendirent compte que cette omniprésence de la technologie commençait à avoir des effets négatifs sur la qualité de vie de Léa et sur l'harmonie familiale. La dépendance croissante aux écrans semblait altérer les interactions en face à face, affecter les performances scolaires de Léa, et créer des tensions autour de l'utilisation des appareils numériques.

Conscients de l'impact de la technologie sur leur vie, Élise et Maxime décidèrent qu'il était temps de réévaluer leur approche. Ils cherchaient un moyen de trouver un équilibre entre les avantages de la technologie et les besoins essentiels de leur famille pour une vie saine et harmonieuse. Ils commencèrent par reconnaître que pour utiliser la technologie de manière responsable, ils devaient aborder le problème sous plusieurs angles : établir des règles claires, encourager des activités alternatives et promouvoir un usage réfléchi des appareils numériques.

La première étape fut d'instaurer des règles sur l'utilisation des écrans. Élise et Maxime décidèrent de créer un « accord familial sur la technologie ». Lors d'une réunion familiale, ils expliquèrent à Léa qu'ils souhaitaient mettre en place des règles pour garantir que la technologie ne nuise pas aux interactions familiales ni à ses responsabilités. Ils établirent des moments sans écran, tels que les repas en famille et les heures de coucher, pour encourager la communication et la qualité du temps passé ensemble.

Léa, initialement réticente, comprit que ces règles n'étaient pas une punition mais un effort pour améliorer l'équilibre entre sa vie numérique et sa vie réelle. En se sentant impliquée dans le processus de création des règles, Léa était plus encline à les accepter. Ils convinrent ensemble de temps dédiés à l'utilisation des écrans, tout en prévoyant des moments spécifiques pour les devoirs, les activités familiales et les loisirs sans écran.

Un autre aspect crucial fut l'encouragement des activités alternatives. Élise et Maxime décidèrent de promouvoir des hobbies et des activités qui ne nécessitaient pas d'écrans. Ils organisèrent des soirées de jeux de société, des excursions en plein air, et des projets créatifs comme le jardinage ou l'artisanat. Par exemple, ils se souviennent de la première fois où ils tentèrent une soirée de cuisine en famille. Léa, qui était sceptique au début, découvrit qu'elle appréciait réellement le temps passé à préparer des repas ensemble, ce qui renforça ses liens familiaux tout en lui offrant une pause bienvenue des écrans.

Ils mirent également en place des « défis technologiques » pour Léa, où elle pouvait gagner des récompenses pour la participation à des activités sans écran. Ces défis incluaient des objectifs comme lire un livre pendant une heure ou participer à une activité sportive. Les réussites étaient célébrées par des sorties spéciales ou des moments de détente supplémentaires, ce qui renforça l'engagement de Léa à explorer des alternatives aux écrans.

Pour soutenir l'idée d'un usage responsable de la technologie, Élise et Maxime commencèrent à être des modèles eux-mêmes. Ils réalisèrent que leurs propres habitudes en matière d'utilisation des écrans pouvaient influencer celles de Léa. Ils commencèrent à pratiquer des moments sans écran en leur propre quotidien, comme éteindre les téléphones lors des repas et créer des périodes de déconnexion totale en soirée. Léa observa ces changements et commença à intégrer ces pratiques dans sa propre routine.

Les parents comprirent également l'importance de discuter ouvertement avec Léa des enjeux liés à la technologie. Ils abordèrent des sujets comme la gestion du temps en ligne, les dangers potentiels des médias sociaux, et les stratégies pour éviter la dépendance aux écrans. Par exemple, ils eurent une conversation sur l'impact des réseaux sociaux sur la santé mentale, en soulignant les avantages de prendre des pauses régulières pour maintenir un bien-être équilibré.

Élise et Maxime découvrirent que la clé pour maintenir un équilibre résidait dans la flexibilité et l'adaptabilité. Ils ajustèrent régulièrement les règles et les activités en fonction des besoins et des intérêts changeants de Léa. Lorsqu'elle exprima un intérêt croissant pour les jeux éducatifs en ligne, ils trouvèrent des moyens de les intégrer dans son emploi du temps de manière équilibrée, tout en continuant à favoriser les interactions en face à face et les activités en plein air.

Un aspect essentiel de leur approche fut la mise en place de discussions régulières pour évaluer l'efficacité des règles et des stratégies mises en place. Ils organisèrent des réunions familiales pour discuter de ce qui fonctionnait bien et de ce qui pourrait être amélioré. Ces discussions permettaient de résoudre les problèmes potentiels et de réajuster les stratégies pour mieux répondre aux besoins de chacun.

Le résultat de leurs efforts fut une amélioration notable dans la dynamique familiale. Léa, tout en utilisant la technologie de manière plus consciente, trouva un meilleur équilibre entre ses activités numériques et ses engagements personnels. Les tensions diminuèrent, les interactions familiales devinrent plus enrichissantes, et Léa développa des habitudes plus saines en matière d'utilisation des écrans.

Ce chapitre démontre que trouver un équilibre dans l'utilisation de la technologie nécessite une approche intégrée, comprenant des règles claires, l'encouragement d'activités alternatives, et un modèle parental cohérent. L'expérience des Mercier illustre que, grâce à des discussions ouvertes, à des ajustements flexibles et à une participation active de tous les membres de la famille, il est possible de promouvoir un usage responsable des écrans tout en renforçant les relations familiales et en soutenant le bien-être général.

GÉRER LES SITUATIONS DE CRISE

Dans la maison des Lefebvre, les tensions montaient lorsque le sujet de la technologie était abordé. Sophie, leur fille de 12 ans, était devenue de plus en plus résistante aux règles qu'ils avaient mises en place concernant l'utilisation des écrans. Les discussions sur les limites de temps d'écran se transformaient souvent en disputes, et les conséquences des violations des règles semblaient alimenter des conflits encore plus importants. Sophie, en particulier, trouvait que les restrictions étaient injustes et se rebellait fréquemment, créant des situations de crise qui déstabilisaient l'équilibre familial.

Les Lefebvre comprirent rapidement qu'il était essentiel de trouver des stratégies efficaces pour gérer ces crises et maintenir une communication constructive avec Sophie. Ils se rendirent compte que les conflits récurrents nécessitaient une approche plus réfléchie, centrée sur la compréhension des émotions et des besoins de leur fille, tout en restant fermes sur les limites nécessaires pour son bien-être.

Un soir, après une énième dispute sur le temps passé devant la tablette, Sophie s'enferma dans sa chambre, furieuse. Les Lefebvre se sentaient démunis, ne sachant pas comment résoudre le conflit de manière productive. Ils décidèrent alors de prendre du recul pour réfléchir à une approche plus constructive. Ils commencèrent à rechercher des stratégies pour gérer les situations de crise avec empathie tout en maintenant leur autorité.

Le premier principe qu'ils adoptèrent fut celui de la **calme et de l'écoute active**. Lors d'une nouvelle dispute, ils prirent une pause pour se calmer avant d'aborder la situation. Ils se rendirent compte que crier ou punir immédiatement ne faisait qu'aggraver la situation. Au lieu de cela, ils décidèrent de discuter avec Sophie lorsqu'elle était prête à parler calmement. Lors d'une telle conversation, Maxime demanda à Sophie de lui expliquer pourquoi elle était si contrariée, en lui offrant un espace pour exprimer ses sentiments sans jugement. Sophie révéla qu'elle se sentait souvent exclue et privée de moments de détente importants.

Les Lefebvre mirent en place un **système de communication** qui favorisait l'expression des émotions et des préoccupations. Ils encouragèrent Sophie à exprimer ses frustrations et ses besoins de manière constructive.

Ils introduisirent des moments réguliers pour des discussions en famille, où chaque membre pouvait parler ouvertement de ses préoccupations et proposer des solutions. Par exemple, ils organisèrent des réunions hebdomadaires pour discuter des règles de la maison, des temps d'écran et des activités familiales, permettant ainsi à Sophie de participer activement à l'élaboration des règles et à leur ajustement.

Une autre stratégie efficace fut l'utilisation de **conséquences logiques et cohérentes** en réponse aux violations des règles. Plutôt que d'imposer des punitions sévères, les Lefebvre choisirent des conséquences directement liées au comportement. Par exemple, si Sophie ne respectait pas les limites de temps d'écran, ils réduisaient temporairement son accès aux appareils, en expliquant clairement pourquoi cette mesure était nécessaire. Ils s'assurèrent que les conséquences étaient justes et proportionnelles, permettant à Sophie de comprendre l'impact de ses actions et de voir les règles comme des moyens d'encourager des comportements positifs plutôt que comme des punitions arbitraires.

Les Lefebvre réalisèrent également l'importance de la **flexibilité et de l'ajustement des règles** en fonction des besoins et des circonstances changeantes. Ils commencèrent à discuter avec Sophie des moments où des ajustements pouvaient être faits, comme pendant les périodes d'examen ou lors de projets spéciaux. En étant ouverts à des ajustements raisonnables, ils montrèrent à Sophie qu'ils étaient disposés à prendre en compte ses besoins et ses préoccupations tout en maintenant les limites nécessaires pour une utilisation équilibrée des écrans.

En parallèle, ils introduisirent des **activités alternatives** et des moments de qualité en famille pour compenser le temps d'écran. Ils trouvèrent des moyens d'impliquer Sophie dans des activités qu'elle aimait, comme des sorties en plein air, des jeux de société, et des projets créatifs. Ils découvrirent que ces moments passés ensemble renforçaient leur relation et offraient à Sophie des occasions de se divertir sans recourir aux écrans.

Un défi majeur fut de **maintenir une attitude empathique et compréhensive** tout en restant cohérent dans l'application des règles. Les Lefebvre apprirent que l'empathie était essentielle pour désamorcer les conflits et pour aider Sophie à se sentir entendue et respectée. Par exemple, lorsqu'elle exprimait des sentiments d'injustice ou de frustration, Maxime et Sophie prenaient le temps de discuter des émotions sous-jacentes et de travailler ensemble pour trouver des solutions. Cette approche renforça la communication et aida à résoudre les conflits de manière plus constructive.

Les Lefebvre découvrirent également l'importance de **modéliser le comportement souhaité**. En tant que parents, ils s'efforcèrent de démontrer un usage équilibré des écrans et de respecter les mêmes limites qu'ils imposaient à Sophie. En montrant l'exemple, ils renforcèrent l'importance de l'équilibre et de la responsabilité dans l'utilisation des technologies.

À travers leurs efforts, les Lefebvre remarquèrent une amélioration dans la dynamique familiale. Les disputes devinrent moins fréquentes, et Sophie commença à adopter une attitude plus coopérative. Les discussions en famille devinrent des moments constructifs et les relations familiales se renforcèrent.

Ce chapitre illustre que gérer les situations de crise liées à l'utilisation des écrans nécessite une approche basée sur l'écoute active, la communication ouverte, et la mise en place de conséquences logiques. L'expérience des Lefebvre montre que, en restant empathiques, flexibles et cohérents, les parents peuvent résoudre les conflits de manière constructive et maintenir un environnement familial harmonieux tout en encourageant des comportements équilibrés.

CONSTRUIRE UNE RELATION SOLIDE

Dans la maison des Dubois, la famille était unie par des moments de joie et de complicité, mais ces instants semblaient de plus en plus souvent interrompus par les écrans. Marie et Pierre, parents de Julie et Maxime, se rendirent compte que les repas étaient souvent remplis du bruit des notifications, les soirées passées à chacun dans son coin avec ses propres appareils, et les week-ends se transformant en séries de sessions de jeux vidéo ou de visionnage de séries en solo. Ils savaient qu'ils devaient faire un effort conscient pour reconstruire des liens familiaux solides sans se laisser envahir par la technologie.

Le premier changement dans leur approche fut de **réintroduire des moments de qualité sans écrans**. Marie et Pierre décidèrent d'instaurer des « soirées familiales » hebdomadaires où aucun appareil électronique n'était autorisé. Ils commencèrent avec des jeux de société, des soirées cinéma en famille avec des films classiques ou des soirées de cuisine où chacun contribuait à préparer le repas. Ils choisirent des activités qui encourageaient l'interaction et la collaboration, plutôt que la séparation que les écrans pouvaient engendrer.

Un soir, ils se rappelèrent une tradition familiale qui avait été perdue au fil du temps : les soirées de contes. Pierre proposa de réintroduire cette tradition en créant des histoires ensemble. Chaque membre de la famille participait à l'élaboration d'une histoire, en ajoutant des personnages, des intrigues et des rebondissements. Ce retour aux contes devint un moment attendu de la semaine, et les rires et les discussions qui en découlaient renforcèrent les liens familiaux.

Marie et Pierre mirent également en place des **activités en plein air** pour briser la routine des écrans. Ils commencèrent à organiser des randonnées en famille, des pique-niques dans le parc, et des jeux de plein air comme le frisbee ou les ballons. Ces moments passés ensemble dans la nature non seulement offrirent une pause bienvenue aux écrans, mais aussi encouragèrent la coopération et la communication. Julie et Maxime découvrirent qu'ils aimaient la découverte de nouveaux sentiers de randonnée et les compétitions amicales lors des jeux en extérieur.

Pour encourager une participation active de tous les membres de la famille, ils instaurèrent un **calendrier familial des activités**. Chaque mois, ils planifiaient des activités à faire ensemble, et attribuaient à chacun le rôle de planificateur d'une activité spéciale. Julie choisit une fois de préparer une soirée jeux de société, Maxime opta pour une journée de bricolage, et Marie et Pierre organisèrent un atelier de jardinage. Cette approche participative permit à chaque membre de la famille de partager ses intérêts et de créer des souvenirs communs.

Les Dubois découvrirent aussi l'importance des **rituels familiaux réguliers** pour renforcer les liens. Ils établirent des routines comme des repas familiaux sans distraction, où ils prenaient le temps de discuter de leur journée et de partager des histoires. Ces repas devinrent un moment privilégié pour échanger et se reconnecter. Marie remarqua que ces moments étaient souvent l'occasion de découvrir des aspects de la vie de ses enfants qu'elle ignorait, renforçant ainsi la compréhension et la complicité entre eux.

Un aspect clé de leur approche fut la **création de moments de déconnexion volontaire**. Ils décidèrent de mettre en place des périodes de déconnexion où toute la famille s'engageait à se déconnecter des écrans pendant un certain temps chaque jour. Ces moments de déconnexion étaient l'occasion de se concentrer sur des activités ensemble, comme lire un livre, discuter, ou simplement profiter du temps passé ensemble. Ces périodes devinrent un moment de relaxation et de répit pour toute la famille, et les Dubois trouvèrent que ces moments renforçaient leur connexion émotionnelle.

Les Dubois réalisèrent également l'importance de **soutenir et encourager les intérêts personnels** de chaque membre de la famille, même sans écrans. Ils découvrirent les hobbies de chacun et les intégrèrent dans leurs moments familiaux. Par exemple, Julie aimait la peinture, alors ils organisèrent des ateliers d'art où tout le monde pouvait participer, et Maxime était passionné par l'astronomie, alors ils passèrent des soirées à observer les étoiles et à discuter des constellations.

En mettant en place ces changements, Marie et Pierre constatèrent une amélioration notable dans la qualité des interactions familiales. Les tensions liées à la technologie diminuèrent, et les membres de la famille commencèrent à se reconnecter de manière plus authentique. Les soirées en famille et les activités partagées renforcèrent les liens entre Marie, Pierre, Julie et Maxime, créant un environnement familial où chacun se sentait valorisé et écouté.

Ce chapitre montre que pour construire des relations familiales solides sans écrans, il est essentiel de réintroduire des moments de qualité en famille, d'encourager des activités en plein air, et de créer des rituels réguliers. L'expérience des Dubois démontre que des activités partagées, des moments de déconnexion volontaire, et une participation active de chaque membre de la famille peuvent renforcer les liens familiaux et créer un environnement harmonieux et équilibré.

LES SIGNES DE L'ADDICTION AU SMARTPHONE

L'été était arrivé, et avec lui, les longues journées ensoleillées qui s'étiraient lentement. Dans la maison de Sophie, les rayons du soleil se frayaient un chemin à travers les rideaux, créant des motifs dorés sur le tapis du salon. Mais malgré la chaleur extérieure et la promesse de vacances, Sophie, 14 ans, semblait engluée dans une sombre bulle numérique. Son smartphone, compagnon fidèle, était son unique distraction. Les repas en famille étaient devenus des moments de solitude silencieuse, où seul le doux bourdonnement de notifications interrompait le calme.

Julie, sa mère, avait observé avec inquiétude une série de changements subtils dans le comportement de sa fille. Le premier signe qui l'avait alertée avait été le comportement obsessionnel de Sophie. Le téléphone était toujours à portée de main, même pendant les moments les plus inappropriés. Sophie semblait incapable de lâcher son appareil, ses yeux rivés sur l'écran, ignorant les conversations et les invitations à participer aux activités familiales.

Un après-midi, alors que Julie et Sophie s'installaient pour un après-midi de jeux de société, Julie avait proposé une activité déconnectée. Sophie, d'abord réticente, avait accepté avec une réserve évidente. Au cours du jeu,

Julie remarqua que, même en étant physiquement présente, l'esprit de sa fille semblait errer ailleurs. Sophie vérifiait constamment son téléphone, ses yeux jetant des regards furtifs vers l'écran comme si une notification cruciale pouvait apparaître à tout moment. La frustration grandissait dans le cœur de Julie, qui se demandait à quel point cette obsession était ancrée dans la vie de sa fille.

Le comportement obsessionnel n'était pas le seul signe visible. Julie avait aussi remarqué une tendance inquiétante à l'isolement social. Sophie préférait passer des heures seules dans sa chambre plutôt que de rejoindre sa famille ou de voir ses amis. Les sorties au parc, autrefois très prisées, avaient été remplacées par des sessions prolongées de défilement sans fin sur les réseaux sociaux. Les amis de Sophie, qui l'avaient souvent appelée pour des activités en groupe, commençaient à se lasser de ses excuses répétées et de son absence.

Un jour, Julie se retrouva face à un autre signe troublant : les changements d'humeur de Sophie. Les réactions de sa fille étaient devenues imprévisibles, oscillant entre irritabilité et dépression. Lorsque le téléphone de Sophie avait eu un problème technique, elle avait explosé de colère, déchaînant une tempête de frustration qui semblait disproportionnée. Julie se rendit compte que l'état émotionnel de sa fille était étroitement lié à son smartphone, et que toute perturbation dans son utilisation pouvait provoquer des crises sévères.

Julie se souvint alors d'une anecdote racontée par un autre parent : les défis quotidiens liés à l'addiction. Un ami de Julie avait partagé l'histoire de son fils, Max, dont les performances scolaires avaient chuté de manière significative en raison de son obsession pour les jeux en ligne. Max passait des nuits entières devant son écran, négligeant ses devoirs et ses obligations scolaires. Les parents avaient dû intervenir pour essayer de rétablir un équilibre, mais le chemin avait été semé d'embûches.

Pour Julie, ces signes devenaient de plus en plus clairs : l'obsession, l'isolement social et les changements d'humeur étaient des indicateurs indéniables de l'addiction au smartphone. Elle savait maintenant qu'il était crucial de prendre des mesures pour comprendre et gérer cette dépendance avant qu'elle ne devienne plus grave. Julie décida alors de se pencher sur les stratégies pour aider Sophie à retrouver un équilibre et à reconnecter avec le monde réel.

En faisant des recherches, Julie découvrit que les applications et les réseaux sociaux étaient conçus pour capter et maintenir l'attention des utilisateurs, souvent en utilisant des techniques de renforcement positif. Les notifications fréquentes, les récompenses instantanées et les mises à jour constantes étaient autant de pièges pour créer une dépendance. Cette compréhension aidait Julie à mieux cerner les mécanismes en jeu et à aborder la situation avec une perspective éclairée.

Julie décida d'installer des limites claires pour le temps d'écran de Sophie, en introduisant des périodes sans smartphone et en encourageant des activités qui ne nécessitaient pas d'appareil numérique. Les premiers jours furent difficiles, avec des résistances et des tensions, mais Julie persista, comprenant que ces ajustements étaient nécessaires pour aider Sophie à retrouver un équilibre.

En fin de compte, Julie et Sophie entreprirent un voyage ensemble pour rétablir la connexion perdue. Les soirées en famille redevinrent des moments de partage et de plaisir, et Sophie commença à explorer de nouveaux centres d'intérêt qui ne tournaient pas autour de son smartphone. Bien que le chemin ait été long et semé d'obstacles, Julie était déterminée à soutenir sa fille dans cette quête d'équilibre, consciente que les signes de l'addiction au smartphone étaient non seulement des indices à surveiller, mais aussi des opportunités pour une intervention bienveillante et éclairée.

FAVORISER DES ACTIVITÉS ALTERNATIVES

Les feuilles d'automne commençaient à tapisser le jardin de la famille Leroux, créant un tapis doré sous les arbres. Dans leur maison, pourtant, la saison changeante n'avait pas réussi à interrompre le cycle monotone de la vie numérique de leur fils, Lucas, âgé de 13 ans. Ses journées étaient dominées par l'éclat de l'écran de son téléphone et les notifications incessantes qui l'accompagnaient. Pour Marie et Paul Leroux, il était clair que le moment était venu de réintroduire des activités alternatives pour aider Lucas à redécouvrir le plaisir des expériences hors écran.

Marie se rappelait encore des premières tentatives pour éloigner Lucas des écrans. Au départ, ils avaient essayé de limiter le temps d'écran, mais ces efforts avaient souvent été contournés par Lucas, qui trouvait toujours un moyen de se reconnecter dès que ses parents détournaient le regard. Ils avaient besoin d'une approche plus engageante, quelque chose qui non seulement limiterait le temps d'écran, mais offrirait également des alternatives attrayantes.

Ils commencèrent par explorer les activités artistiques. Un samedi matin, Marie invita Lucas à participer à un projet de peinture avec elle. Elle avait préparé des toiles, des pinceaux et une palette de couleurs vives, espérant que le simple acte de créer de l'art ensemble pourrait capter l'intérêt de Lucas. Au début, Lucas était réticent, préférant rester dans sa chambre avec son téléphone. Mais en voyant les éclats de couleur et les dessins créatifs de sa mère, il finit par se joindre à elle.

Ce qui commença comme une activité hésitante se transforma en un moment de découverte. Lucas s'avéra avoir un talent inattendu pour la peinture, et les sessions de création artistique devinrent des moments appréciés de sa semaine. Ils se mirent à créer des œuvres d'art ensemble, transformant leur salon en une galerie d'art familiale. Marie et Paul constatèrent que ces moments de créativité permettaient à Lucas de s'exprimer d'une manière nouvelle et enrichissante, tout en créant des souvenirs précieux.

Encouragés par le succès de l'art, ils décidèrent d'introduire d'autres activités alternatives. Paul, amateur de sport, proposa de s'inscrire Lucas à un club de football local. Les premiers jours furent difficiles, avec Lucas se plaignant de la perte de son temps libre, mais Paul insista sur l'importance de l'exercice physique pour la santé et le bien-être général. Lucas, à contrecœur, accepta de se rendre aux entraînements.

L'effet du sport sur Lucas fut rapidement perceptible. Les entraînements de football lui apportèrent non seulement une meilleure condition physique, mais aussi un moyen de se socialiser et de développer des compétences en travail d'équipe. Les progrès de Lucas sur le terrain étaient impressionnants, et il commença à apprécier le défi et l'excitation du sport. Les conversations autour du dîner prenaient un nouveau tournant, avec Lucas partageant ses histoires d'entraînement et ses succès sur le terrain.

Marie et Paul continuèrent à explorer des activités variées. Ils inscrivirent Lucas à des cours de musique, où il eut la chance de découvrir une nouvelle passion pour la guitare. Les heures passées à jouer de la musique devinrent un refuge pour Lucas, offrant une alternative apaisante aux jeux vidéo et aux réseaux sociaux. Les soirées en famille se transformèrent en sessions de jam où Lucas jouait des morceaux qu'il avait appris, et ses parents se joignaient en chantant ou en dansant.

Ils introduisirent également des activités en plein air. Chaque week-end, ils planifièrent des randonnées, des balades à vélo et des pique-niques dans le parc. Une fois, lors d'une randonnée en montagne, Lucas découvrit une passion pour l'escalade. Le défi physique et le sentiment d'accomplissement en atteignant le sommet de la montagne furent des expériences qui l'enrichirent et l'éloignèrent des écrans pendant des heures.

Le changement ne se produisit pas du jour au lendemain. Les premières résistances et les moments de frustration étaient fréquents, mais avec la persévérance et le soutien constant de ses parents, Lucas commença à apprécier les nouvelles activités. Marie et Paul virent leur fils se transformer : plus engagé, plus joyeux et plus ouvert à explorer de nouvelles expériences.

Un moment significatif fut lorsque Lucas, après plusieurs mois de pratique et de jeux sportifs, demanda à organiser un tournoi de football avec ses amis. Cette demande marqua une étape importante : Lucas avait non seulement trouvé un intérêt en dehors des écrans, mais il avait également développé des compétences en leadership et en organisation. Le tournoi fut un grand succès, renforçant les liens entre amis et offrant un exemple tangible des bénéfices des activités alternatives.

Créer un environnement riche en activités alternatives eut un impact profond sur Lucas et sa famille. En réintroduisant des loisirs comme l'art, le sport, la musique et les aventures en plein air, Marie et Paul parvinrent à créer un équilibre sain entre le monde numérique et le monde réel. Les moments partagés en famille devinrent des occasions précieuses pour se reconnecter et renforcer leurs liens, tout en offrant à Lucas des opportunités de croissance personnelle et de développement.

RÉCOMPENSER LES COMPORTEMENTS POSITIFS

Dans la maison des Richard, le quotidien était souvent rythmé par des batailles sur les temps d'écran. Mathieu, leur fils de 10 ans, avait une passion dévorante pour les jeux vidéo, au point que ses parents, Laura et Julien, se retrouvaient souvent à lui rappeler les limites fixées concernant le temps passé devant les écrans. Les conversations devenaient tendues, et les règles imposées semblaient créer plus de conflits que de solutions. Laura et Julien savaient qu'il était temps d'explorer une nouvelle approche pour encourager Mathieu à adopter des habitudes plus saines et équilibrées.

Laura et Julien commencèrent à réfléchir à des stratégies pour motiver Mathieu de manière positive. Ils se rendirent compte qu'au lieu de se concentrer uniquement sur les restrictions et les interdictions, ils pourraient utiliser les récompenses pour encourager les comportements qu'ils souhaitaient voir chez lui. Cette approche positive pourrait non seulement réduire les conflits, mais aussi aider Mathieu à développer des habitudes plus équilibrées de manière proactive.

Le premier pas fut de discuter avec Mathieu des comportements qu'ils souhaitaient encourager. Ils s'assirent ensemble pour parler des différentes activités qu'il pouvait faire en dehors des jeux vidéo et des récompenses possibles pour ses efforts. Laura et Julien expliquèrent que les récompenses étaient un moyen de reconnaître et de célébrer ses réussites, tout en le motivant à essayer de nouvelles activités et à respecter les règles établies.

Ils mirent en place un système de récompenses basé sur un tableau de motivation. Ce tableau, affiché dans la chambre de Mathieu, comportait des cases pour différentes tâches et comportements souhaités, tels que faire ses devoirs sans distraction, participer à des activités familiales sans écran, et compléter des tâches ménagères. Chaque fois que Mathieu accomplissait une tâche ou adoptait un comportement positif, il recevait une étoile dorée à coller sur le tableau. Une fois qu'il avait accumulé un certain nombre d'étoiles, il pouvait échanger ces étoiles contre des récompenses spéciales.

Les récompenses choisies avec Mathieu incluaient des activités qu'il adorait, comme une sortie au parc d'attractions, une journée de cinéma, ou même une soirée de jeux en famille. Laura et Julien trouvèrent que ce système non seulement motivait Mathieu, mais permettait également de renforcer les comportements positifs en lui offrant des expériences qu'il appréciait vraiment.

Un moment particulièrement révélateur fut lorsque Mathieu atteignit son premier objectif de récompense : une sortie au parc d'attractions. La joie et l'excitation sur son visage étaient palpables lorsqu'il découvrit que ses efforts étaient récompensés par une expérience qu'il attendait avec impatience. Laura et Julien observèrent avec satisfaction que cet événement renforça le désir de Mathieu d'atteindre de nouveaux objectifs et de continuer à adopter des comportements positifs.

Laura et Julien réalisèrent également que pour que le système de récompenses soit réellement efficace, il devait être équilibré et cohérent. Ils établirent des règles claires concernant les récompenses, comme le fait que les étoiles ne pouvaient être gagnées que pour des comportements spécifiques et non pour des tâches ou des activités qui faisaient déjà partie de ses responsabilités quotidiennes. Ils veillèrent à ce que les récompenses restent motivantes et ne deviennent pas des récompenses automatiques pour chaque petit accomplissement, afin de maintenir l'intérêt et l'engagement de Mathieu.

Une autre dimension importante fut l'encouragement des activités alternatives. Laura et Julien encouragèrent Mathieu à essayer de nouveaux passe-temps comme la peinture, la lecture ou le sport. Ils organisèrent des « soirées découverte » où la famille se réunissait pour essayer de nouvelles activités ensemble. Ces soirées devinrent un moment attendu de la semaine, offrant à Mathieu une chance de découvrir des passions et des talents qu'il n'avait pas encore explorés.

Le système de récompenses créa aussi des opportunités pour renforcer la cohésion familiale. Laura et Julien constatèrent que les récompenses liées à des activités familiales, comme des sorties ou des soirées de jeux, renforçaient les liens familiaux et offraient des moments de qualité ensemble. Mathieu apprit à apprécier non seulement les récompenses individuelles, mais aussi la valeur des expériences partagées avec sa famille.

Un défi qu'ils rencontrèrent fut le maintien de la motivation à long terme. Pour éviter que le système de récompenses ne perde de son effet, Laura et Julien ajustèrent régulièrement les objectifs et les récompenses. Ils introduisirent de nouveaux défis et varièrent les types de récompenses pour maintenir l'enthousiasme de Mathieu. Ils découvrirent aussi que la reconnaissance verbale et l'appréciation sincère de ses efforts étaient tout aussi importantes que les récompenses matérielles.

Laura et Julien apprirent que le système de récompenses pouvait être un outil puissant pour encourager des comportements positifs et promouvoir des habitudes saines. En mettant l'accent sur les aspects positifs et en célébrant les réussites de Mathieu, ils réussirent à créer un environnement où les comportements souhaités étaient renforcés de manière constructive et encourageante.

Ce chapitre illustre comment le recours aux récompenses pour encourager des comportements positifs peut être une approche efficace pour développer des habitudes saines chez les enfants. L'expérience des Richard montre que, en établissant un système de récompenses motivant et équilibré, les parents peuvent aider leurs enfants à atteindre des objectifs, à adopter des comportements souhaités, et à renforcer les liens familiaux.

Résumé :

Dans un monde où les écrans dominent chaque aspect de notre vie quotidienne, **" Déconnecter pour Mieux Se Connecter"** se révèle être un guide essentiel pour les parents cherchant à rétablir l'équilibre familial. À travers des récits captivants et des stratégies éprouvées, ce livre vous guide pour comprendre les défis liés à l'addiction numérique et pour mettre en place des solutions efficaces.

Découvrez comment identifier les signes de l'addiction, établir des règles claires pour l'utilisation des écrans, et créer un environnement sans écran favorable au développement de vos enfants. Apprenez à favoriser des activités alternatives enrichissantes, à modéliser des comportements positifs et à gérer les crises avec empathie.

Des conseils pratiques sur l'utilisation des applications de contrôle parental aux techniques pour enseigner l'autodiscipline, ce livre vous offre des outils pour encourager des habitudes numériques saines tout en renforçant les liens familiaux.

" Déconnecter pour Mieux Se Connecter" est votre compagnon pour naviguer dans l'ère numérique, retrouver une harmonie familiale et offrir à vos enfants un avenir équilibré entre technologie et vie réelle.

Printed by Libri Plureos GmbH in Hamburg,
Germany